AF232338

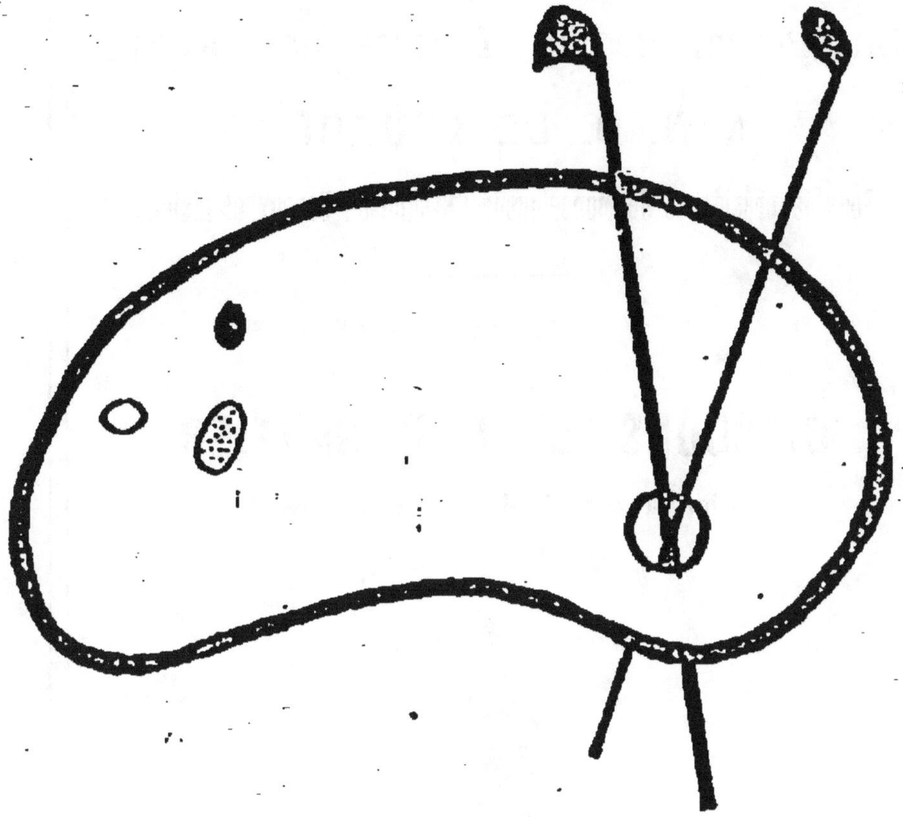

DEBUT D'UNE SERIE DE DOCUMENTS
EN COULEUR

89 A

COMPTE-RENDU

Du Pèlerinage du Diocèse de Bayeux

A N.-D. DE LOURDES

Sous la présidence de Monseigneur l'Evêque de Bayeux et Lisieux

21-26 Septembre 1896

DISCOURS DU R. P. GAUTIER

Missionnaire de N.-D. de La Délivrande

CAEN

L'IMPRIMERIE-RELIURE Vve A. DOMIN

Rue et Cour de la Monnaie

1896

Lk 30313.

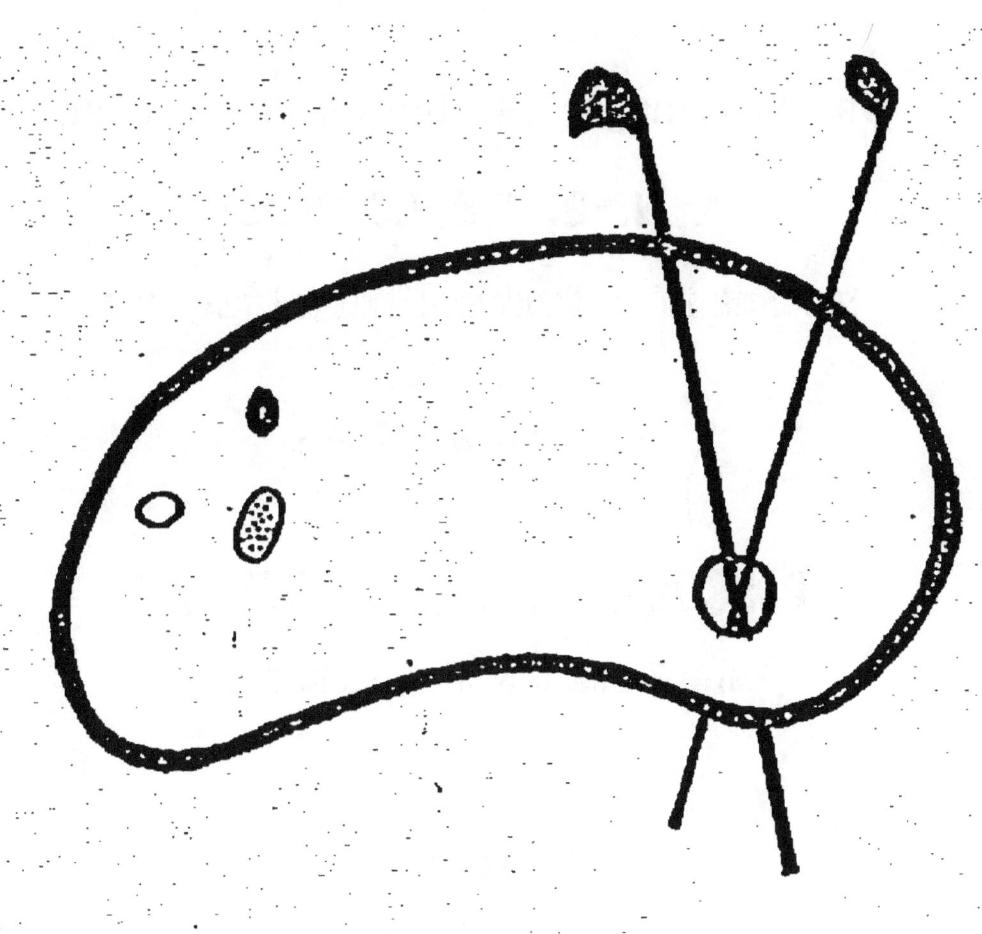

FIN D'UNE SERIE DE DOCUMENTS
EN COULEUR

V° 89 A
1896

COMPTE-RENDU

Du Pèlerinage du Diocèse de Bayeux

A N.-D. DE LOURDES

Sous la présidence de Monseigneur l'Evêque de Bayeux et Lisieux

21-26 Septembre 1896

DISCOURS DU R. P. GAUTIER

Missionnaire de N.-D. de La Délivrande

CAEN

IMPRIMERIE-RELIURE Vve A. DOMIN

Rue et Cour de la Monnaie

—

1896

PÈLERINAGE
DU DIOCÈSE DE BAYEUX
A NOTRE-DAME DE LOURDES

Le diocèse de Bayeux, et, tout spécialement les personnes charitables qui ont procuré aux malades pauvres le bonheur d'aller à Lourdes, attendent le récit de notre pèlerinage. C'est pour nous un devoir sacré de les satisfaire.

Le lundi 21, nous partions de Caen à l'heure, à la seconde fixée par notre sage organisateur.

Notre long voyage de vingt-trois heures s'accomplissait, non pas sans fatigue (quel malheur si la fatigue eût manqué), c'eût été une procession sans croix, mais sans ennui, au milieu des prières et des saints cantiques, sans autre incident qu'un retard à Argentan, pour changer de locomotive, la première se trouvant impuissante devant le travail demandé.

Le mardi matin, à 8 heures et quelques minutes, nous arrivions à Lourdes, et nous trouvions, pour notre bienvenue, un splendide soleil, ce qui nous semble de bon augure ; ni notre Normandie, ni le Maine, ni l'Anjou, ni la Touraine, ni aucune de nos provinces ne nous avait donné pareille fête.

Et à Lourdes, qu'allions-nous rencontrer ? La solitude, avaient dit les alarmistes. Ils s'étaient trompés cette fois ; nous avons suivi, nous avons précédé un peuple immense, et d'une ferveur à augmenter la nôtre. C'étaient les Manceaux, nos voisins, pieux et bons, comme le vicaire général octogénaire qui les conduit. C'était le Berry, enthousiaste et bruyant, l'Agénois et le Velay, avec plus de silence et non moins de piété ; enfin, c'était l'admirable diocèse de Cambrai, avec ses quatre trains, avec ses prêtres d'un zèle brûlant, avec ses malades d'une héroïque patience. Notre redoutée solitude se trouvait peuplée de 10,000 pèlerins.

La Basilique de Lourdes attendait cette semaine un Archevêque et plusieurs Évêques. — Elle n'en a vu qu'un seul, l'un des doyens de l'Episcopat français, le plus dévoué, et qu'il nous soit permis de le dire, le plus aimé des Évêques de France, Monseigneur Hugonin. — Combien sa présence nous a valu de faveurs !

Nous étions petits par le nombre, 470 seulement, le Pèlerinage national et celui de Coutances nous avaient ravi des pèlerins qui nous eussent fait honneur devant les autres pèlerinages plus nombreux : mais Monseigneur était là, à cause de lui la Basil que nous a été prodiguée.

Le mardi était nécessairement abandonné au souci un peu prosaïque de vivre et de se loger.

Mercredi, à 7 heures, comme dans une communauté bien réglée, Messe du pèlerinage, Communion générale, Messe d'actions de grâce, Grand'Messe à 10 heures 1/2 ; Vêpres à 4 heures, avec le Sermon du Pèlerinage : trois mots le résument : notre siècle malheureux niait le surnaturel, Dieu l'affirme par le miracle, à Lourdes et partout. — Notre France veut la liberté ; seul l'Évangile l'a ramenée et la peut conserver. — Nous voulons tous la résurrection de la Patrie, seules, les vertus évangéliques, le respect de l'autorité, la chasteté de tous les âges, le travail, l'économie, la sobriété, peuvent combattre et vaincre les vices païens que propagent l'irréligion, le mépris, l'égoïsme, le sensualisme, qui nous précipitent vers la ruine.

Jeudi, Messe de communauté (pardon, Messe de pèlerinage) à la Basilique, à 7 heures, Messe d'action de grâce, — repos et liberté le reste du jour.

Vendredi, même règlement le matin ; l'après-midi, c'était hélas ! la réunion des adieux. Elle devait avoir lieu à la Grotte de l'apparition ; mais la tempête sévissait à Lourdes comme sur le reste de la France ; elle déracinait même un gros arbre et le renversait, sans blesser personne, sur quelques pèlerins qui priaient devant la sainte image ; nous nous sommes réfugiés dans l'immense église du Rosaire. Le vénéré Doyen de Saint-Jean, au nom de Monseigneur, nous a dicté les pensées et les résolutions que nous devons remporter dans nos demeures :

« La Vierge Marie conservait dans son âme ce qu'elle avait vu, ce qu'elle avait entendu ; de même, Bernadette, l'heureuse voyante, conserva ce qu'elle avait vu et entendu ; elle obéit aux ordres qu'elle avait reçus, et la récompense de sa fidélité, ce fut pour elle, une sainte vie et le salut éternel ; pour Lourdes et le monde, ce furent les merveilles dont nous sommes les témoins. — Encouragés par ces exemples, gardons le souvenir de ce que nous avons entendu ; l'Évangile est le trésor de la France ; gardons le souvenir de ce que nous avons entendu ; de ces prières vivifiées par la foi, des prêtres, des fidèles, des malades, et que ce souvenir nous apprenne à prier ; gardons le souvenir de ce que nous avons vu, de ces foules immenses, animées de la même foi, de ces processions du Saint-Sacrement et de la Sainte-Vierge, de ce peuple fidèle chantant le symbole, et que ces souvenirs raniment notre foi, et nous donnent le courage de montrer désormais l'exemple d'une vie entièrement chrétienne.

Nous venons d'analyser l'allocution des adieux ; mais que nos lecteurs le sachent bien, l'analyse ne rend rien de ce qu'était la parole vivante et vibrante ; elle ne rend pas la majesté douce du prédicateur, la vigueur de sa voix, la fraîcheur, la poésie biblique de ses images, la conviction communicative de son accent! Comme Aser, l'un des fils du patriarche Jacob, le cher Doyen de St-Jean a conservé, sous les cheveux blancs, toute la puissance et l'ardeur de la jeunesse.

Après l'Instruction et le Salut solennel du Très-Saint-Sacrement, Monseigneur nous a donné l'Indulgence plénière, la Bénédiction papale, et nous n'avons plus songé qu'au retour.

Mais avant de le raconter nous devons décrire sommairement, non plus nos exercices particuliers, mais les cérémonies communes à tous les pèlerinages réunis.

Il y en avait deux : la procession du Saint-Sacrement, à 4 h. 1/2 du soir, la procession du soir en l'honneur de Marie autour de la grande prairie du Rosaire.

La procession du Saint-Sacrement, au milieu des malades, quiconque ne l'a pas vue ne sait pas de quelle puissance de supplication une foule humaine est capable. — Des prêtres brûlants de zèle crient des litanies que leur dicte la foi : Jésus, fils de David, guérissez nos malades ; Vous êtes le Dieu bon, guérissez nos malades ; Vous êtes le Dieu fort, guérissez nos malades ; Notre-Dame de Lourdes, guérissez nos malades : un peuple immense, un peuple ivre de foi, de désir, d'espérance, répète ces cris. Jésus passe, et se repose sur la tête de ces infirmes qu'il aimait tant ici bas ; puis, devant la basilique du Rosaire, il bénit ce peuple incomparable.

La procession du soir, en l'honneur de Marie... C'est quelque chose comme la mort des justes ; la fin joyeuse d'un beau jour.

Six à huit mille personnes se sont munies d'un cierge. On s'organise au pied de la grotte, sans trop de désordre, les plus hardis les premiers : voici le Berry et sa joyeuse fanfare — les autres diocèses à la suite ; un immense serpent de feu déroule ses plis à travers la prairie, autour de la Vierge couronnée et de la croix lumineuse qui avoisine l'entrée de la ville, et six à huit mille poitrines envoient au ciel ce même cri d'amour — Ave, Ave Maria — puis ce grand peuple réuni dans l'hémicycle, devant la basilique, témoigne l'union de ses pensées par le chant lent, solennel du symbole, que nous ont dicté les conciles de Nicée et de Constantinople.—Oh! quand les fils de la France n'auront-ils, comme les fils de l'Église, qu'une même foi patriotique!

Et les grâces surnaturelles? C'est la question dont nos lecteurs attendent impatiemment la réponse.

L'Eglise, par ses sages lois, impose la plus sévère discrétion au narrateur, et, conséquemment, un peu de patience au lecteur. — De temps en temps, autour de la piscine, ou après le passage du Saint-Sacrement, nous entendons retentir, comme un coup de tonnerre, le chant enthousiaste du *Magnificat.* — Qu'y a-t-il? On répète dans la foule: un miracle opéré. — On se précipite de ce côté, avec une curiosité naturelle, trop peu discrète pourtant, au risque d'étouffer le malade.

Le diocèse de Bayeux a-t-il eu part aux faveurs accordées? Nous avons des raisons de l'espérer; mais, ni l'Eglise ni la science humaine ne nous permettent la précipitation dans ces graves matières.

Disons plutôt les sages mesures prises à Lourdes, pour discerner la vérité de l'erreur.

Le docteur Boissarie est là, assisté d'un secrétaire et d'un jeune médecin. Son air est paternel, mais son regard fin et scrutateur. Les miraculés comparaissent; il les interroge, disons mieux, il les confesse; à travers les inutilités de leur récit, il fixe les réponses utiles, il confie au jeune médecin le soin des constatations nécessaires; il conclut habituellement à une amélioration incontestable, mais il suspend son jugement définitif, en prescrivant les mesures à prendre pour une constatation plus triomphante.

Me sera-t-il permis de le dire? Rien ne m'a fait plus de plaisir à Lourdes que cette demi-heure des constatations médicales. Lorsque, dans les annales de Notre-Dame de Lourdes, je lirai une attestation signée du nom du docteur Boissarie, aucun doute ne demeurera dans mon esprit.

Retour. — Au milieu de la tempête, nous avons repris nos places dans les wagons, tristes de quitter Lourdes, heureux pourtant de regagner la Normandie. Du midi, au nord de la France, nous trouvions partout les ravages exercés par la tempête, les torrents et les rivières coulant à plein bords, les arbres rompus ou déracinés ; nous en subissions nous-même plus ou moins les conséquences, car, près de Tarbes, les poteaux du télégraphe renversés nous occasionnaient un premier retard d'un quart d'heure ; près de Bordeaux, un accident de machine nous infligeait un second retard d'une heure, et, par suite, modifiait l'horaire de tout le Pèlerinage ; mais ni la piété des pèlerins, ni leur entrain joyeux n'en éprouvait aucun dommage.

Et maintenant, merci à Dieu, à Jésus, à Marie, aux Saints Anges qui ont protégé notre pèlerinage ; merci à Monseigneur, sa présence rendait honorable le diocèse de Bayeux, et réjouissait visiblement les chrétiens des autres régions ; merci, merci aux âmes charitables, qui ont procuré aux pauvres les moyens de faire le voyage ; merci à notre bien aimé directeur et à ses zélés collaborateurs, et au revoir.

DISCOURS DU R. P. GAUTIER

> *Quid existis videre ?*
> *Qu'êtes-vous venus voir ?*
> (MATH., XI, 8).

MES FRÈRES,

Sur cette colline sainte, au pied de ces autels, vos cœurs impatients ne souffriraient pas un long préambule. Tout d'abord donc, je vous pose la question que Jésus adressait aux Juifs, à l'occasion de saint Jean-Baptiste : Qu'êtes-vous venus voir et faire ici ? *Quid existis videre ?*

Hier, vous étiez des inconnus les uns pour les autres ; Vous, enfants comme moi du diocèse de Bayeux, vous lanciez vos barques hardies sur les flots de la mer britannique, vous liez dans la plaine les gerbes d'or du froment, ou vous engraissiez vos troupeaux dans vos riches pâturages.

Quelle voix mystérieuse a retenti dans vos demeures, pour vous réunir en ces lieux ? Qu'êtes-vous venus voir, qu'êtes-vous venus faire, sur les bords du Gave, aux rochers de Massabielle ?

Quid existis videre ? Venez-vous ici chercher la grâce de Dieu, pour vos corps ou vos âmes ? Il est vrai que, depuis les jours où Jésus, le Fils du Tout-Puissant, la répandait à pleines mains sur la Judée, jamais peut-être la Grâce ne descendit plus abondante que de nos jours sur cette terre sacrée.

Quid existis videre ? Venez-vous contempler le témoignage que le monde catholique rend à Jésus, à Marie, et y joindre votre propre témoignage ? Il est vrai que jamais — si j'excepte l'époque sanglante des martyrs et, peut-être, l'époque enthousiaste des Croisades — jamais, dis-je, témoignage plus éclatant ne fut rendu à Jésus et à Marie, que celui de ces millions de pèlerins, qui accourent ici de toutes les parties du monde : Ici, Français, Anglais, Allemands, Espagnols, Portugais, l'Europe, l'Amérique, le monde n'ont qu'une seule langue, et dans cette langue ne jettent au ciel qu'un seul cri : *Credo*, je crois, je crois.

Contentez donc votre envie, Chrétiens, ouvrez vos cœurs à la prière, pour demander des grâces ; elles coulent de flot. Joignez votre voix à celle des peuples, pour rendre témoignage à la foi de Jésus.

Mais laissez-moi vous le dire : la divine Providence vous amène ici pour y recevoir un bien plus précieux encore. — Mais quoi donc ? Les graves leçons dont la France a besoin.

Calvadosiens, vous me rendrez cette justice que, depuis plus d'un quart de siècle que je parle au milieu de vous, je ne vous ai point caché la vérité, je n'ai point altéré les leçons de l'Evangile, et je vous rends ce témoignage que toujours vous l'avez écoutée avec une docilité touchante : Il en a été de même partout où j'ai exercé le saint ministère. Mais ici, je me sens le devoir et la force de parler avec plus de force, de proclamer la vérité avec plus de netteté que jamais ; or, voici la vérité que Marie, reine de la France — *Regnum Galliæ, Regnum Mariæ* — me charge d'annoncer à son peuple : l'Evangile tout seul, renferme les trois biens dont la France a besoin : la vérité, la liberté, la résurrection.

MONSEIGNEUR,

Hier, du haut de cette chaire, le Directeur infatigable de notre pèlerinage vous disait la reconnaissance de vos prêtres et de votre peuple : je n'ai pas le droit de répéter ce qu'il dit si bien avec son grand cœur. Je dirai seulement ce que hier j'entendais pendant la procession du Saint Sacrement, de la bouche d'un peuple immense : Que cet Evêque est bon. Je dirai ce que votre peuple ajoutait : Que Notre-Dame de Lourdes rende la parole à notre Evêque pour notre bonheur et la gloire de son divin Fils.

I

Le XIXe siècle va finir : quel nom portera-t-il dans l'histoire ? Si le nom de siècle des lumières semble trop prétentieux, au moins ne lui refusons pas celui d'amant de la vérité : La vérité tous les hommes pensants de ce siècle l'ont appelée, poursuivie avec ardeur ; qu'il eût été facile de s'entendre entre des hommes animés des mêmes désirs, entre les hommes de la science divine et les hommes des sciences humaines, car ces sciences sont sœurs, issues de Dieu, la vérité substantielle. Et de fait, une légion de savants dans les sciences humaines ont été en même temps des disciples dociles de l'Evangile. Malheureusement l'accord n'a point été universel. La religion a eu son camp et ses fidèles, l'irréligion a eu le sien, et notre siècle n'a été qu'un duel long et douloureux entre les deux. La lutte a eu des phases diverses que je veux rappeler : elle aboutit aujourd'hui à la démonstration expérimentale de cette vérité : l'Evangile c'est la lumière.

Au début de ce siècle, et pendant ses trente premières années, l'Eglise de France sort des ruines sous lesquelles la grande révolution l'avait cachée, non pas anéantie : elle reprend possession des âmes de la grande majorité des Français ; comme aux anciens jours, on croit à Dieu, à son Christ, à la Vierge Marie, aux Saints, à l'Evangile, au monde surnaturel et invisible.

Mais les fils de Voltaire ne sont pas morts, le sarcasme n'est point muet sur leurs lèvres. Discours, livres, brochures, chansons même, tout est employé pour faire la guerre à l'Evangile et au surnaturel.

Au bout de 30 ans, la victoire demeurait douteuse ; la violence vint faire pencher la balance en faveur de l'irreligion ; l'Eglise de France eut a souffrir en 1830, d'avoir trop compté sur un bras de chair, et d'avoir trop appuyé ses autels contre le trône chancelant de nos rois.

A partir de 1830, le duel de la foi et de l'irreligion entre dans sa seconde phase, la lutte est plus ardente encore, mais plus noble ; c'est celle de l'esprit, contre l'esprit, de la science religieuse contre l'irreligion. Dès la première époque, un évêque français, Mgr Fraissinous, en avait appelé à la raison, pour soutenir l'Evangile ; mais maintenant c'est l'arme maniée par toutes les mains chrétiennes ; voici Lacordaire, Ravignan, les grands orateurs chrétiens ; voici les grands écrivains catholiques, les Montalembert, les Ozanam, pour ne citer que les plus illustres ; le siècle touche au milieu de sa course, les prédicateurs de l'Eglise n'ont pas à se repentir d'en avoir appelé au bon sens du pays, au milieu même de la fièvre des combats, à travers les barricades, un enfant du peuple porte le crucifix en triomphe, à Saint-Germain l'Auxerrois.

Mais voici qu'après une vingtaine d'années d'une splendeur enivrante, après 8 mois, plus longs que des siècles de désastres inouis pour la Patrie, le duel de l'impiété contre l'Evangile entre dans une phase cruelle qui semble décisive. L'Eglise de France n'est plus admise à discuter, mais à se taire et à mourir. Un cri a retenti sur le monde, notamment sur la France ; plus de Dieu, plus d'Invisible, plus de Surnaturel. L'homme est l'unique roi du monde... O Christ, sors donc des institutions, des lois, des mœurs, des écoles, du Conseil des nations..., de par tout. Ou bien, et tout au plus, demeure prisonnier impuissant et moqué dans tes tabernacles ; demeure baillonné et bafoué dans tes chaires, en attendant qu'un dernier choc t'enlève.

Mais, dans notre siècle, Dieu a répondu : Je ne veux pas sortir, la terre est à moi : *meus est orbis terra.*—J'y rentre, et j'y ramène avec moi, le Surnaturel, par la porte large, par la porte ouverte que nul ne fermera devant moi, par la porte du miracle.

A la vérité, nos Frères, le miracle ne fut jamais un moyen délaissé par Dieu de manifester sa bonté, sa présence et son pouvoir. Chaque siècle, chaque pays en fut toujours favorisé ; et vous, nos Frères du diocèse de Bayeux, toujours vous possédâtes au milieu de vous, dans le sanctuaire de Notre-Dame de La Délivrande, une source jamais tarie de grâces surnaturelles. Mais enfin, il faut bien le reconnaître, Dieu affirme plus souvent ces droits de nos jours ; il faut redire avec le poète :

> Et quel temps fut jamais plus fertile en miracles.
> Quand Dieu par plus d'effets montra-t-il son pouvoir..?

D'abord, et même dès la première phase de la lutte, c'est le Christ qui semble prendre en main sa cause : Sa croix apparaît à plus de 3,000 personnes dans ce vallon de Migné, où Sainte-Radegonde reçut autrefois les reliques de la vraie Croix.

Mais, bientôt, se souvenant que la France est le royaume de Marie, il laisse à sa divine mère le soin d'opérer des miracles...

D'abord, c'est la médaille miraculeusement donnée qui en est l'instrument ; ensuite, c'est Elle qui visite la terre, à la Salette, à Lourdes, à Pontmain ; et, comme poussent ailleurs les moissons, les miracles abondent sur toute terre visitée par Elle, mais nulle part plus qu'ici. ... pèlerins, dites au monde ce que Jésus mandait à Jean-Baptiste : à Lourdes, les aveugles voient, les boiteux marchent, les sourds entendent, des malades qui semblaient saisis par la mort retrouvent la vie, et, miracle des miracles, les pauvres de vérité retrouvent la vérité dans l'Évangile : *Cæci vident, claudi ambulant, surdi audiunt, mortui resurgunt, pauperes evangelizantur.*

Et, comme si la rentrée de Dieu dans le monde par le miracle n'établissait pas encore assez ce monde surnaturel nié par l'irréligion, — chose étrange ! Dieu permet à son ennemi, à Satan, d'y rentrer aussi, tantôt tel qu'il est, esprit du mal et des ténèbres, tantôt transfiguré en ange de lumière.

Ainsi, le monde qui a acclamé la philosophie dite positiviste ; le monde qui réclamait des faits doit être content, les faits abondent : nous nageons, pour ainsi dire, en plein surnaturel ; nous sommes envahis par le monde invisible que l'impiété reléguait au nombre des fables.

Le nombre, l'éclat, l'évidence des miracles convertira-t-elle l'impiété? que sais-je. Mais à vrai dire, je ne le pense pas. Est-ce que les miracles nombreux, éclatants de Jésus convertirent tous les Juifs? beaucoup par légèreté, irréflexion, souci de la richesse, n'y prêtèrent point d'attention. Quelques-uns se bouchèrent les oreilles pour ne point entendre, fermèrent leurs yeux pour ne point voir, endurcirent leurs cœurs — vérifièrent le mot étrange et trop vrai de Pascal : les miracles ne servent pas à convertir, mais à condamner — de même en sera-t-il probablement de nos jours, car l'homme fut créé libre, Dieu ne forcera pas leur liberté, même par l'éclat de ses miracles; beaucoup n'y prêteront aucune attention, d'autres les nieront tout d'abord, sans vouloir rien voir ni rien entendre; d'autres les expliqueront ou croiront les expliquer par les forces inconnues de la nature.

Pour nous Chrétiens, nous avons autre chose à faire. Pour nous la preuve est faite, une fois de plus : une fois de plus notre foi est confirmée, passons aux conséquences pratiques, disons avec le poëte : « rompez, rompez tout pacte avec l'impiété. »

Loin de nos maisons, si nous en sommes les maîtres — en tout cas, loin de nos mains ces livres, ces brochures, ces journaux, non pleinement mauvais, mais à demi chrétiens, à demi bons, qui ont débilité la foi dans les âmes et affadi les cœurs : loin de nos oreilles les discours empreints de scepticisme ou d'hostilité contre l'Eglise : nous sommes chrétiens, c'est notre gloire, soyons-le de cœur et d'esprit, de convictions intimes et de profession extérieure, la foi dans le cœur prépare l'état de grâce, la profession de la foi mène l'homme au salut éternel : *Corde enim creditur ad justitiam, ore autem confessio fit ad salutem.*

II

L'Evangile de Jésus, c'est la vérité qui sauve; tel est, mes Frères, la première leçon de Notre-Dame de Lourdes à vos âmes. — Et voici la seconde : l'Evangile de Jésus-Christ, c'est le principe de la liberté dont vous êtes épris.

Avec la vérité, que demande la noble France? Ah ! c'est la liberté. Notre nom lui-même de Francs ou d'hommes libres accuse assez les tendances natives de notre race. D'ailleurs l'histoire est là qui ne permet pas d'en douter. N'est-ce pas au nom de la liberté que nous avons changé nos constitutions, renversé les trônes, arraché la couronne du front des rois; et aujourd'hui même, n'est-ce pas au nom de la liberté mal conçue, qu'une partie de ce peuple voudrait aussi renverser nos autels? Le peuple a tort d'en vouloir aux autels, ils sont l'asile, la sauvegarde, le palladium des libertés humaines, nous allons le montrer; mais le peuple n'a pas tort d'aimer, de vouloir, d'exiger la liberté, car la liberté c'est un don de Dieu auquel nul n'a le droit de toucher; Car la liberté, c'est l'honneur de l'homme, le privilège qui le sépare du reste des êtres; Car la liberté, c'est la condition du salut, et s'il est permis de parler ainsi, la clef qui seule peut ouvrir à l'homme la cité de l'éternel bonheur.

Mais si Dieu la donna à tous les hommes, la liberté, les puissants de la terre ne tardèrent pas à la confisquer à leur profit. Seul l'Evangile l'apporta sur terre, seul l'Evangile peut lui garder. Que la liberté eût presque disparu de la terre, à l'avénement de Jésus-Christ ; qu'il n'y en eût plus pour la femme, pour l'enfant, pour l'esclave, c'est-à-dire pour plus de la moitié des êtres humains ; qu'il n'en demeurât guère pour les autres, courbés sous la tyrannie des Césars maîtres du monde, c'est un fait historique qui n'est pas contesté. Que l'Evangile de Jésus-Christ ait réhabilité la femme, entouré l'enfant d'un respect religieux, fait disparaître peu à peu l'esclavage, répandu dans le monde cette idée, que princes, rois, chefs d'Etat de tout nom naissent pour les peuples, et non pas les peuples pour eux ; c'est un second fait aussi incontestable que le premier. Ces deux vérités sont, si je puis ainsi parler, l'A B C D de l'histoire du monde ; retenons donc ces deux mots qui la résument : à la venue de Jesus-Christ la liberté avait presque disparu du monde, c'est l'Evangile de Jésus-Christ, qui nous la rendue, mais ajoutons : c'est l'Evangile de Jésus-Christ, qui seul peut nous la conserver. Ce qui le prouve ? Hé ! c'est la connaissance même du cœur humain; ce sont les faits, ce sont même les chaînes dont nous menacent ceux là même qui promettaient la liberté.

Le cœur de l'homme est faible; mais pénétré des idées de l'Evangile, il est fort, il est invincible. Dieu m'a donné la liberté, il m'en demandera compte ; puissants du monde, prenez garde de commander le mal, la réponse est toute prête dictée par les apôtres même de Jésus : il vaut mieux obéir à Dieu qu'aux hommes. Et depuis les apôtres, plus de dix millions d'hommes sont morts, cette parole sur les lèvres, plutôt que de se courber sous la tyrannie. Il en meurt encore aujourd'hui, il en mourra demain sans doute ; le sang est la rançon de la liberté.

Mais supprimez la crainte de Dieu, de ce tribunal où Jésus-Christ nous attend ; l'homme revient à sa nature, je veux dire à sa faiblesse et à part quelques individus, bien rares, les peuples se courbent devant la force, quoiqu'elle exige. Le siècle dernier ne l'a-t-il assez prouvé ? Quand l'impiété triomphante abolit en France la religion de nos aïeux, quand elle ordonna la spoliation des autels, le massacre des prêtres et des évêques, l'apostasie publique, quand elle ordonna l'idolatrie la plus hideuse sous des formes que la pudeur interdit de nommer, est-ce que l'impiété ne fut pas obéie, par ce peuple Français qu'on croyait le plus libre du monde ?

Hier nous avertit pour demain. Dans ce pays, où le nom sacré de liberté se lit sur tous les édifices publics, sacrés ou profanes, quelle liberté restera debout dans un demi-siècle ? Voyez ce qui se passe ; lisez ce qui s'écrit par les apôtres de l'irréligion, par les ouvriers de la déchristianisation de la France ; écoutez les discours qui se débitent dans leurs réunions publiques, les menaces qui retentissent dans leurs conciliabules, les projets qui s'élaborent dans leurs loges. Citoyen quelle liberté vous restera-t-il ? La liberté d'aller à la messe, de faire vos pâques, de lire un journal catholique, en un mot cette liberté de conscience tant vantée, tant promise ? Non pas, si vous êtes revêtu d'une fonction publique. Cachez bien votre foi, vos pratiques religieuses, à l'ombre du foyer domestique. Et encore, craignez les envieux et les délateurs, le parti le plus sur pour vous, le parti le plus adopté, c'est l'apostasie pure et simple.

Citoyen, quelle liberté vous restera-t-il ? Celle de porter tout entier et sans retranchement aucun, le nom qu'ont honoré ou illustré vos ancêtres ? Il y a cent ans, c'était un crime ; aujourd'hui, c'est une mauvaise note, demain que sera-ce ?

Père de famille, quel droit vous restera-t-il ? Celui d'élever vos enfants dans vos principes et dans votre religion ? Non, si vous êtes pauvre, car vous n'auriez ni maîtres pour les instruire, ni secours pour les nourrir. Non, si vous désirez pour eux le droit commun ; dès maintenant la franc-maçonnerie réclame pour les élèves des écoles chrétiennes l'exclusion des charges publiques. Elles seront accordées aux athées, aux protestants, aux musulmans, aux juifs, mais hors la loi quiconque aura grandi dans les écoles chrétiennes !

Laboureurs, quelle liberté vous restera-t-il ? Celle d'ensemencer vos terres, de planter vos arbres, d'utiliser leurs fruits ? N'en jurez pas : j'ai connu un homme qui faillit un jour être massacré, pour avoir gardé, dans sa ferme, trois boisseaux 'e blé, pour la nourriture de sa famille. Cet homme, c'était mon père. Et ne savez-vous pas quelles entraves menacent l'agriculture ?

Hommes de lettres, écrivains, poètes, journalistes, quelle liberté vous restera-t-il ? Celle de défendre la religion ? d'en appeler au bon sens du peuple des tracasseries occultes, ou des persécutions ouvertes ? Non pas, écrivez, imprimez tant qu'il vous plaira, des obscénités, des blasphèmes contre le Christ, des calomnies contre ses ministres, soit... Mais défendre le Christ et son culte, prenez-y garde, on saurait bien organiser une émeute et briser les presses de vos imprimeurs.

Industriel, quelle liberté vous restera-t-il ? Celle de ne pas courir à votre ruine ? Non, vous serez un suspect, traité comme tel, réduit à l'impuissance, au grand profit des industries de l'étranger.

Ouvrier, quelle liberté vous restera-t-il ? Celle de travailler de toutes vos forces, et dans la mesure de votre talent, pour procurer aux vôtres, non pas seulement le pain quotidien, mais une honnête, une honorable aisance ? Mais ne l'a-t-on pas déjà proclamé, l'ouvrier qui travaille trop bien fait tort à la moyenne des travailleurs ; l'ouvrier qui économise trahit ses frères ?

Où tout cela, mes Frères, peut-il bien aboutir ? Quelle liberté pourra demeurer debout ? Il n'y en a pas une qui ne soit contestée par les ennemis de l'Evangile ; pas une, je me trompe..., la liberté du vice est seule regardée comme sainte. C'est la devise renversée du président martyr de l'Equateur. « Liberté pour tous et pour tout, disait Garcia Moréno, excepté pour le mal et les malfaiteurs... Liberté pour tous et pour tout, crie l'impiété, excepté pour les catholiques et leurs vertus.

En présence d'un si menaçant avenir, quels devoirs s'imposent à vous, mes Frères ? Celui de relire l'histoire de nos pères dans la foi, et de s'inspirer de leurs exemples.

Pendant trois siècles et plus, les maîtres du monde proposèrent à nos pères d'acheter leur liberté..., pour prix ils offraient les places, les honneurs, les faveurs de toute sorte ; nos pères répondirent : affranchis par le Christ, nous ne nous ferons pas de nouveau les esclaves des hommes. — Pendant trois siècles et plus, les maîtres du monde prodiguèrent à nos pères les menaces, d'abord, et puis les vexations, et puis les tortures. — Ils bravèrent tout, ils supportèrent tout, mais leur patience acclimata sur terre la liberté. De même, aujourd'hui aimez la liberté, exigez la liberté, que les faveurs s'éloignent et de vous et de vos fils s'il le faut, mais gardez vos âmes en gardant votre liberté.

III

Enfin, mes Frères, que veut la noble France? que demandons-nous tous? Ah! c'est le relèvement de la patrie! Que la patrie ne soit pas plus longtemps comme un corps mutilé de ses membres, comme une mère à laquelle on a arraché les plus aimés de ses enfants! Que la patrie soit, comme autrefois, écoutée en silence quand elle parlera dans le conseil des nations! Que la patrie, au dehors, redoutée, respectée, aimée; au dedans, réjouie par la concorde de ses fils, marche à l'avant-garde de l'humanité dans la voie du progrès et de la civilisation; tel est votre vœu, mes Frères, tel est le mien, tel est celui de tous les Français, de ceux-là du moins qui n'ont dans les veines que le sang des Français.

Mais à quelle condition ce vœu universel peut-il se réaliser? A la condition, absolument indispensable, que la France en reviendra aux mœurs, aux vertus de l'Évangile: aujourd'hui, la patrie égarée par la mauvaise presse et par les loges, s'en retourne aux mœurs et aux vices des païens, qui précipitent sa décadence et préparent sa ruine.

Trois éléments sont nécessaires à la vie d'un peuple: l'ordre, la fécondité des unions, la pureté du sang source de la vitualité et de la force.

Or les apôtres de l'irreligion ont inoculé à la France trois vices, plus mortels que des poisons: un esprit d'indépendance et de révolte qui ne veut reconnaître aucune autorité; un égoïsme sauvage qui immole l'avenir au présent; un sensualisme effréné qui énerve la génération aujourd'hui vivante, et prépare pour lui succéder des générations vouées d'avance à la faiblesse, aux maladies précoces, quelquefois à l'imbécillité.

Premier poison, l'esprit d'indépendance et de révolte. Il est partout. Et comment n'y serait-il pas? Les parents eux-mêmes l'inoculent à leurs enfants. Vous voilez la majesté de vos titres de pères et de mères, vous érigez vos enfants en idoles. N'est-il pas naturel qu'ils réclament pour eux le respect, et vous le désirent. Même mépris des supériorités sociales, du maître, du patron. La presse ne les appelle-t-elle pas tous les jours des usurpateurs? que dis-je, même mépris des lois; ne sont-elles pas elles-mêmes découronnées, en reniant toute origine divine, en se proclamant elles-mêmes la voix mobile du nombre et de la force qui changent à tout moment. La conséquence, c'est tour à tour la servitude et l'anarchie; la conséquence, c'est l'état perpétuel des convulsions civiles; la conséquence, c'est l'accomplissement des menaces évangéliques. *Omne regnum divisum contra se desolabitur, et omnis civitas vel domus divisa contra se non stabit,* tout état divisé tombera dans la désolation, toute cité, toute famille divisée ne pourra subsister (Math. XII. 25).

Second poison, païens, l'égoïsme farouche qui immole l'avenir au présent. Pour jouir plus largement et plus librement de la vie, pour assurer à des héritiers avides plus de terres et plus d'or, *ils* repoussent la vie dans le néant. Les berceaux sont inconnus ou rares, dans ces riches demeures. Consultez les statistiques, les dénombrements périodiques : ils vous diront que la population augmente partout, chez nos amis envieux et nos ennemis, en Russie, en Angleterre, en Allemagne.

En France, elle diminue; que faire contre cette stérilité vicieuse qui précipite dans la ruine les peuples corrompus.

Rome antique en appelle aux lois; elle multiplia les récompenses aux familles fécondes, les flétrissures et les impôts contre les foyers stériles. Rien n'y fit. L'empire se changeant en désert, attendait l'invasion comme un bienfait. Si, du moins, les génétions nouvelles gardaient les nobles qualités de la race. Et, à la vérité, elles en gardent toutes les ardeurs. C'est la qualité inextinguible du sang français; mais, trop souvent, elles ont perdu la force et la pureté du sang.

De quel droit ose se présenter à l'autel pour fonder une famille cet adolescent au front déjà flétri par les rides de la vieillesse ? Il a brûlé son sang par l'abus des boissons perfides, il l'a vicié par les voluptés impures. Quelle vie peut-il transmettre : à défaut des lois humaines, impuissantes à lui barrer le chemin, il devrait écouter les lois naturelles ; il devrait écouter la voix de la pitié, et aller cacher sa honte dans la solitude. Que peut-il donner à ceux qui naîtront de lui, une vie toujours mourante, des nerfs agités, des cerveaux prédisposés aux plus déplorables maladies.

Voilà, mes Frères, voilà ce que le paganisme renaissant nous promet et nous prépare et voilà de quel sort nous sauvera le retour aux enseignements de l'Evangile,

L'Evangile seul a enseigné aux grands et aux chefs des peuples, leur rôle social. Comme Jésus-Christ lui-même, ils naissent pour servir, et non pas pour être servis : Regardez les nations disait le maître parmi elles, les princes sont des dominateurs ; qu'il n'en soit pas ainsi parmi vous ; les grands devront être les serviteurs des petits, les princes seront les exclaves du bien public, car le Fils de l'homme, le modèle et la source de toute autorité, n'est pas venu se faire servir, mais servir les autres, donner sa vie même pour le peuple. La France retrouverait un grand soulagement si les conseillers du peuple méditaient souvent cette doctrine.

De même l'Evangile enseigne aux peuples la notion de la loi. La loi, c'est l'application de l'ordre éternel, au bien public. Elle est respectable a tous, elle est sage, elle est sainte, parce qu'émanant de Dieu, elle s'appuie sur Dieu. Donc la loi n'est pas la voix d'une multitude victorieuse, imposant des chaines à ses adversaires vaincus. La France trouverait un grand soulagement à ses maux si la notion Evangélique de la loi, reprenait son empire.

De même l'Evangile seul inspire aux peuples les deux grandes vertus sociales : la justice et l'amour.

La justice : aujourd'hui les humbles la réclament, l'exigent ; la religion, se fondant sur l'Evangile, approuve leurs réclamations, mais elle leur crie : prenez garde de confondre la justice avec l'abolition du droit d'autrui. La France trouverait un grand soulagement, elle échapperait à des crises redoutables, mortelles peut-être, si les grands et les petits se pénétraient des notions Evangéliques de la justice.

Point d'amour, point de charité ; crient les flatteurs du peuple. Erreur répond l'Evangile ; l'huile est nécessaire pour adoucir le frottement dans les machines les plus ingénieuses ; l'amour c'est l'huile dans le corps social ; il lie ensemble les individus ; il évite les froissements, il guérit les blessures que la justice seule ne saurait empêcher ; heureuse la France, si ses fils prenaient pour devise la maxime de l'Evangile : Aimez vous les uns les autres.

L'Evangile n'est pas moins puissant pour enseigner et faire pratiquer aux individus les vertus laborieuses qui préparent les peuples prospères.

Fidèle à l'Evangile, le jeune homme serait chaste, la jeune fille serait modeste, l'époux et l'épouse seraient fidèles à leurs serments. — Et la conséquence pour la société ? Ce seraient des générations saines et fortes.

Fidèles à l'Evangile, les familles accepteraient toutes les charges, toutes les obligations qu'impose la nature. — La conséquence ce serait la population grandissant d'une manière normale comme dans les autres nations.

Fidèles à l'Évangile, les hommes pratiqueraient ces trois vertus : le travail, l'économie, la sobriété. — La conséquence, c'est que la France se trouverait assez riche pour subvenir aux besoins raisonnables de tous ses enfants.

MES FRÈRES,

Chaque jour, à la sainte Messe, immédiatement avant l'instant solennel de la Communion, l'Église met sur les lèvres du prêtre, cette prière émue et tremblante : « Que votre chair que je vais » manger, ô Seigneur — que votre sang que j'ose boire, moi, » votre serviteur indigne, ne servent pas à ma condamnation, » mais qu'ils me soient un gage de salut pour le corps et pour » l'âme. »

J'ose appliquer cette prière à la France, en l'adressant à Marie.

O Mère, ô Reine, en ce siècle, vous avez multiplié pour votre peuple les manifestations de votre puissance et de votre bonté.

Vous avez ouvert devant nos yeux le monde invisible ; Vous nous avez montré la source des vrais biens pour les individus et les peuples. Oh ! ne permettez pas que vos bontés mettent le comble à nos ingratitudes, et précipitent notre ruine. Donnez-nous une raison droite pour adopter la vérité connue, un cœur vaillant, pour défendre la liberté, des mœurs pures, pour rendre à la patrie sa prospérité et sa gloire !

Et que votre bénédiction, Monseigneur, en soit pour nous l'heureux gage.

AINSI SOIT-IL.

Caen. — Imprimerie-Reliure veuve A. DOMIN, rue de la Monnaie.

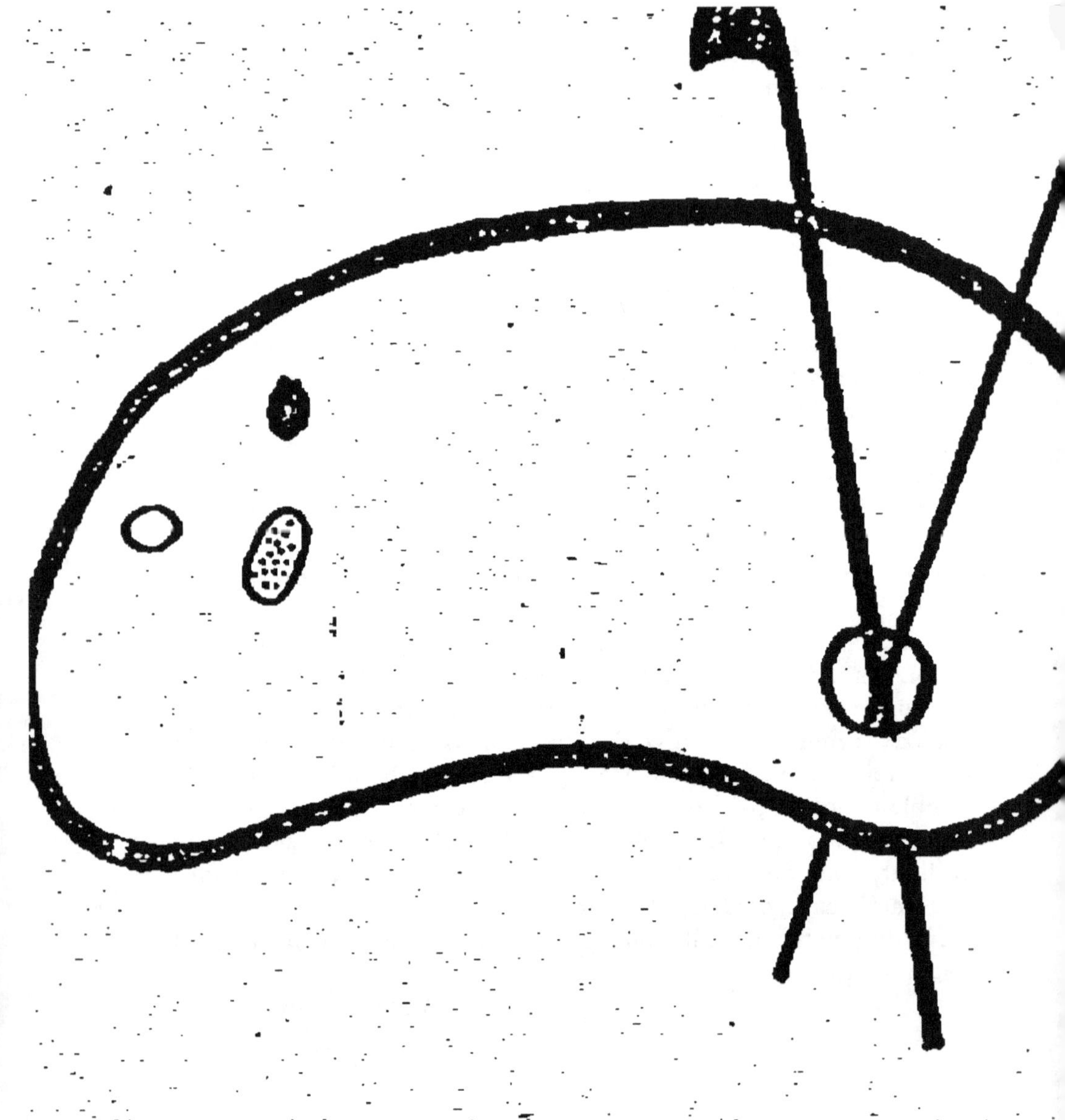

ORIGINAL EN COULEUR

NF Z 43-120-8

www.ingramcontent.com/pod-product-compliance
Lightning Source LLC
Chambersburg PA
CBHW051200050726
47594CB00007B/2987